b 5³ 428

AF229329

Prix : 10 centimes.

CE QUE J'AURAIS DIT

A

L'ASSEMBLÉE

NATIONALE,

Par ALEXANDRE WEILL.

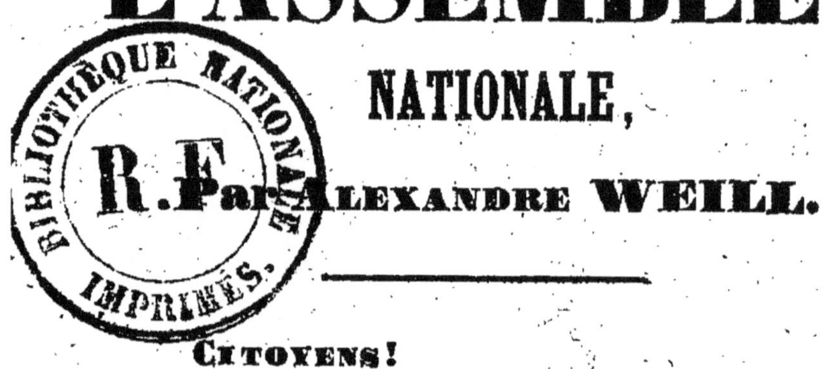
BIBLIOTHÈQUE NATIONALE
R. F.
IMPRIMÉS.

CITOYENS!

Je ne prends pas la parole. C'est la parole qui me prend. Comme Élie dans Job, je dis : « Je suis jeune encore, vous êtes âgés, mais je suis rempli comme une bouteille de vin bouchée, et j'éclate. »

Je ne parle, en effet, que pour me débarrasser de quelques vérités qui m'étouffent.

Peu importe que ces vérités soient nouvelles. Le nouveau a besoin d'être vrai ; le vrai, au contraire, n'a pas besoin d'être nouveau.

Mon but n'est pas non plus de critiquer exclusivement les actes du Gouvernement provisoire. La négation, c'est le néant! Si je parle du passé, c'est en vue de l'avenir. Je veux le bien, le bien réel et possible. L'homme digne de ce nom; l'homme, qui sent en lui l'origine de la di-

1848

vinité, tend toujours vers le bon, le beau et le vrai. Celui qui n'est grand qu'en rapetissant les autres, n'est que la moitié d'un homme; celui qui a besoin d'un socle pour paraître, n'est qu'un enfant éternel. Si grand, si bon, si fort que soit un homme, il n'est jamais assez élevé, pour ne pas monter encore; jamais assez bon, pour ne pas devenir meilleur; jamais enfin, assez fort, pour n'avoir pas toujours à se vaincre.

Voilà deux mois et demi que vous êtes à la tête de la France, le premier pays du monde, le plus facile à gouverner, pour celui qui sait gouverner. Pendant neuf semaines vous étiez les chefs absolus de trente-cinq millions d'hommes. Je ne vous demande pas ce que vous en avez fait; car vous n'avez rien fait du tout. D'une part vous avez laissé faire : de l'autre, vous avez défait. Moi aussi, j'élève ma voix pour vous adresser des remerciments; car vous auriez pu laisser faire encore plus de mal.

Si je considère la France depuis votre règne, je vous admire comme de vrais magiciens. Il a suffi que de votre baguette enchanteresse vous ayez touché à quelque chose, pour que ce quelque chose disparût sous votre main. Vous avez touché au travail — il n'y a plus de travail; vous avez touché au crédit — il n'y a plus de crédit; aux finances — elles se fondent; aux impôts — ils vont disparaître; à la justice — elle bat la campagne; à l'armée — elle est désorganisée. Enfin, vous avez touché à la République, à peine née, et vous l'avez tellement aplatie qu'elle paraît laide à tous les peuples, et que ses plus fervents adorateurs ont eu envie de lui faire des infidélités.

Et cependant je joins ma voix à celles qui vous adressent des félicitations. Ma haine contre vous est toute platonique. Après tout, ce n'est pas votre faute, si la République provisoire, sous votre direction, a ressemblé à un cadavre qui grandit et qui a peur de son ombre, plutôt qu'à une jeune vierge épanouie, respirant l'amour et le bonheur. Vous êtes tous animés des meilleures intentions; tous vous voulez la prospérité et la liberté de la France; tous vous tendez à faire le bien; tous enfin, vous désirez la paix et la concorde. Seulement, à quelques exceptions près, Dieu en vous créant, n'a pas songé à faire de vous des ministres d'une République. Vous avez fait tout ce qui était provisoirement possible. Grâces vous en soient rendues. La plus laide fille donne ce qu'elle a, mais elle n'en donne pas davantage.

Ah! c'est que le peuple de Paris en abolissant les priviléges, a laissé le priviléges le plus monstrueux qui puisse exister dans une République. C'est celui d'être ministre sans idées initiatrices. Dans une monarchie, on peut être médiocre. Il est parfaitement indifférent qu'un danseur soit mis à la place d'un mathématicien. Il ne dansera pas plus qu'il ne calculera. Il n'en est pas de même dans une République, où chacun doit être à sa place, où le génie seul doit être à la tête. La République, c'est l'image de la nature qui procède par le groupement des catégories et par l'attraction. L'attraction repose sur la loi de l'assimilation entre le fort et le faible, entre le supérieur et l'inférieur, entre l'esprit et la matière.

Dans une République, tout le monde est roi. On n'obéit pas, on se laisse attirer; on ne commande pas, on prouve. Le beau, le vrai seuls sont les dictateurs naturels d'un peuple. L'homme obéit d'instinct au beau. On vous a dit que la politique est une chose gravement ennuyeuse. Erreur! Blasphème! Toute politique qui n'est pas belle, n'est pas vraie! Toute politique qui ne fait tressaillir d'aise une nation entière est fausse et stérile.

Le vrai, c'est le beau. Savez-vous pourquoi la violence nous répugne tant? Ce n'est pas que nous ayons peur. Le Français sait mourir plutôt que vivre pour sa patrie. Le Français parle de la peur comme un aveugle de la couleur. Il ne l'a jamais vue. S'il hait la violence, s'il la combat, c'est qu'elle est laide. Oui, la violence, c'est la laideur morale, c'est un agonisant, le sang dans la bouche; l'intimidation est livide comme la jaunisse, et la menace est pourpre comme la fièvre chaude.

Pourquoi les premières proclamations de M. de Lamartine ont-elles été accueillies avec un enthousiasme général? Parce qu'elles étaient belles, et partant vraies. Tout ce qui n'élève pas l'âme, tout ce qui ne provoque pas l'épanouissement, le tressaillement, l'enthousiasme de l'esprit, tout enfin qui ne pousse pas l'homme vers le haut, vers Dieu, est faux; car c'est laid. La fausseté et la laideur repoussent, la beauté et la vérité attirent. Dieu est beau, le diable est laid.

Or, non seulement vous avez été violents, mais encore les belles paroles qui sont sorties de votre bouche sont restées stériles. On a dit que les faits sont des mâles et les paroles des femelles; on oublie que la femelle est la mère du mâle. Mais la vôtre a toujours été neutre et androgyne. Comme certains chanteurs italiens, vous n'aviez une voix si haute et si caressante, que parce qu'elle était le signe de l'impuissance. Quant à ceux d'entre vous qui viennent nous dire ici qu'ils ne respirent que : liberté, égalité, fraternité, amour et ordre. Je les admire! Depuis deux mois ils écrivent des circulaires et font des lois entières sans respirer une seule fois.

Votre premier malheur, c'est que vous avez ravalé le principe de la souveraineté nationale de trente-cinq millions de Français jusqu'au niveau des circonstances, c'est-à-dire, de 6000 Parisiens. On n'emploie jamais l'or pour chercher du fer, mais le fer pour chercher de l'or. Le principe, c'est l'or pur et dur. Il ne doit jamais fléchir pour aller au-devant du hasard des circonstances.

Toute révolution est une crise violente d'un corps social malade.

Sous la main d'un bon médecin, cette crise même servira à la santé du corps. Une fois la fièvre passée, il saura conduire la convalescence et donner au malade plus de vigueur, plus de force, plus de beauté qu'il n'en a jamais eu. Sous la main d'un mauvais médecin, au contraire, la convalescence peut avoir des rechutes suivies de male mort.

Après le 24 février, la France, malade de consomption, de marasme et de corruption, venait d'avoir sa crise. On n'avait qu'à lui donner une bonne nourriture, de l'air et du mouvement. Inutile de vous dire que la nourriture d'une nation, c'est le travail, la pensée, le progrès et la liberté. Eh bien, je lis vos ordonnances, j'allais dire vos recettes. Que vois je! Un jour vous êtes allopathes, le lendemain, vous êtes homœopathes, le surlendemain, vous êtes hydropathes. Des contradictions, rien que des contradictions! Nul principe, nulle règle, nulle idée. Non seulement le malade risquait de périr, mais sa maladie, étant devenue contagieuse, menace même la vie des médecins. Heureusement la France ne craint pas les pilules. Elle en a avalé de plus dures. Heureusement vous-mêmes, vous n'êtes que des médecins malgré vous.

Ce n'est pas que j'accuse votre intelligence, Vous en avez beaucoup. Mais quand je jette un coup-d'œil sur l'histoire, je vois que partout les grandes choses se sont faites, non pas par l'intelligence seule, mais par l'esprit d'à propos, joignant l'initiative à la conception de l'idée, et dont le fait est identique à la volonté.

L'esprit, c'est un noble coursier qui de chaque pavé de la rue fait jaillir des étincelles. A l'intelligence, il faut un briquet pour allumer une lumière. L'esprit, c'est le riche changeur, qui a des monnaies de tout cours, grosses et petites, pour l'usage immédiat; l'intelligence, c'est l'économe qui n'a qu'une fortune immobilière : il lui faut la paix et du calme. En temps de révolution, il faut l'esprit d'à propos. Il faut que de chaque danger sorte le salut même. Vous avez peut-être des théories d'or dans votre intelligence, mais pour le peuple, il faut de la petite monnaie, c'est-à-dire, des idées pratiques, dont l'exécution est possible, à l'instant même.

Aussi le reproche le plus sanglant qu'on peut, qu'on doit vous faire, c'est que vous n'avez rien créé pour ce peuple qui a fait la révolution. Vous lui avez promis un avenir de merveilles, un pays de cocagne, mais en attendant il se meurt de misère et de manque de travail. Les rois l'ont empoisonné. Vous le laissez mourir d'inanition. Jusqu'à présent il n'a eu que l'embarras du choix.

Mais laissons là la critique, entrons dans la voie positive. Après vous avoir montré ce que vous n'avez pas fait, voyons ce que vous auriez pu faire.

En fait de ménage gouvernemental, j'ai d'abord une grande vérité à vous dire, vérité qui m'a été révélée par ma grand'mère ; à savoir : que pour vivre à son aise, il ne suffit pas de recevoir beaucoup. L'essentiel est de dépenser peu. C'est surtout nécessaire après un grand bouleversement. Le lendemain de la révolution de février, loin de dépenser le double et de vous créer de nouvelles charges, vous n'auriez dû donner de l'argent à personne, pas même à vous et à vos amis. Les fonctionnaires, au lieu d'être augmentés, auraient dû être réduits de la moitié ; de plus, vous auriez pu économiser, en faveur des ouvriers, un demi-million par jour pris sur l'armée.

Ah ! diriez-vous, l'armée, c'est l'arche sainte de la République. Souvenez-vous des quatorze armées. Je m'en souviens. Elles ont fini aux buttes Montmartre et à Sainte-Hélène ; car c'était là la suite et la fin de notre gloire militaire. Il n'y a qu'une seule guerre de sacrée : celle de légitime défense ; toute autre guerre est une sottise. Vous voulez que l'Europe devienne républicaine, prouvez, par votre exemple, qu'une République donne plus de liberté, plus de bonheur, plus de prospérité qu'une monarchie ; prouvez, en un mot, qu'elle est plus belle et plus vraie. Sinon, vous ressemblez à deux maris qui, ayant tous deux des femmes laides, s'entretuent, parce que l'un prétend que la sienne est plus belle que celle de son voisin.

BIBLIOTHÈQUE NATIONALE R.F.

Et la Pologne et l'Italie? Toute la Pologne ne vaut pas la vie d'un gamin de Paris; c'est un peuple sans racines. Les racines d'un peuple, ce sont les idées, la littérature, les arts, la poésie, la philosophie. Un peuple sans littérature est une plante parasite qui desséchera forcément. Quelle est aujourd'hui la mission de la Pologne? Peuple de soldats, il a dû mourir, dès que l'humanité n'avait plus besoin de soldats. La Pologne est morte pour le progrès. Vous la relèveriez de son linceul, vous n'auriez qu'un squelette slave, qui tôt ou tard se traînera après la Russie, contre l'Allemagne et la France.

Quant à l'Italie, elle n'aura pas besoin de vous. Bien plus, elle ne veut pas de vous. La liberté présentée par l'étranger est un don dont les frais de port dépassent toujours la valeur de l'article même. La guerre du reste éclaterait, que trois cent mille Français se trouveraient sous les armes au bout d'un mois.

Ce que vous aviez à faire, c'était d'instituer une garde nationale mobile générale, exercée tous les jours et prête à marcher à tout instant. En outre, il faudrait abolir la conscription et la remplacer par le système de la *Landwehr* prussienne. Cette idée n'est pas neuve, mais elle est vraie; elle est sortie de la tête de M. de Girardin, homme qui use sa vie à se calomnier, et sa plume à semer des idées que d'autres récoltent.

Une autre vérité est celle-ci, je vous prie de bien la graver dans votre mémoire, car elle est très simple.

La société, dit-on, repose sur le travail, le capital et le crédit. Erreur! La société repose sur le travail, le travail et le travail. En effet, qu'est-ce que le capital? le travail accumulé d'hier. Qu'est-ce que le crédit ? c'est le travail de demain. Quant au talent, c'est le travail d'aujourd'hui prouvé par celui d'hier et soutenu par celui de demain ; donc, le travail d'aujourd'hui a besoin en même temps de celui de la veille et du lendemain.

Que si de cette trinité vous ôtez une seule pierre, le passé ou l'avenir, il n'y a plus de présent, c'est-à-dire du travail. *Aujourd'hui*, c'est le milieu, la transition entre hier et demain, comme le travail est la transition entre le capital et le crédit. Dès lors donc que vous attaquez le capital, vous attaquez et le travail et le crédit. On dira que l'état donnera le capital ; mais quel est donc le capital de l'état, autre que le travail de ses enfants ? Or, ôtez ce travail, en attaquant le capital, l'état n'a plus rien.

Qu'y avait-il donc à faire ? Assurer avant tout le travail accumulé, c'est-à-dire le capital, par le travail futur, c'est-à-dire par le crédit. Nous vivons tous de notre avenir, tant en espérances qu'en réalités. Ceux même qui ont des capitaux périssent, quand ils n'ont pas de crédit pour leur travail de tous les jours ; ce qui fait que les fils des riches qui ne travaillent pas s'apauvrissent, tandis que les fils des pauvres qui travaillent s'enrichissent.

Par la révolution, les travailleurs avaient acquis tous les droits que la monarchie leur avait refusés. Ils pouvaient s'associer avec les capitaux, à condition toutefois qu'ils voulussent travailler ; ils pouvaient ne pas travailler du tout ; ils pouvaient surtout vivre en commun et s'appliquer la précieuse règle de ma grand'mère ; à savoir : qu'on ne devient pas riche à force de gagner, mais à force d'économiser. La question du travail est une question européenne. Impossible de la résoudre sans un congrès universel. Augmenter le salaire, diminuer les heures de travail — palliatifs que tout cela ! Au bout de quelque temps, il n'y aura plus ni capital ni travail ; ce qu'il faut avant tout pour soutenir la concurrence avec l'étranger, c'est de procurer à l'ouvrier une bonne nourriture, un logement sain à bon marché, à meilleur marché qu'en Allemagne et en Angleterre. C'est alors, mais alors seulement, qu'on peut diminuer les heures de travail. C'est l'association des dépenses et non des recettes, c'est un autre système d'impôt et de douanes qui peuvent nous procurer cela. Le reste, c'est du galimathias, du moins pour le moment.

Cela ne m'aurait pas empêché de former une commission du travail, composée de MM. Louis Blanc, Vidal, Cabet, Proud'hon, Considérant, et même de M. Albert cet homme si riche en esprit ; car il n'en dépense jamais. Tout système exclusif est partial et faux, mais dans chacun il y a un quart de vrai.

En outre encore, j'aurais donné aux communistes et aux fouriéristes des terrains en Algérie pour essayer leurs théories sur les lieux.

Il y a en France plus de travaux que de travailleurs. Seulement là où se trouvent les travaux, il n'y a pas de travailleurs, et là où il y a des travailleurs, les travaux manquent. Il faudrait donc savoir, à un homme près, combien il y a dans chaque ville, chaque commune, des travaux et des travailleurs. Il faudrait donc que toutes les communes fussent en correspondance directe entre elles, pour transporter gratis les travailleurs sur les lieux des travaux. Paris alors ne serait bientôt plus le réceptacle de 20,000 fainéants, car le républicain qui ne veut pas travailler est indigne de jouir des droits civiques.

Nos ancêtres ont combattu durant des siècles pour abatt.e les barrières, pour abolir les péages et les droits féodaux des voies publiques. Un gouvernement sot et corrupteur a .livré les chemins de fer aux compagnies. Cela ne peut durer dans une république. Mais comme la propriété est chose sacrée, comme l'avenir est toujours compromis quand les droits du passé sont lesés, il faudrait indemniser les actionnaires et les indemniser sérieusement.

Voilà donc de nouveaux travaux garantis pour l'avenir, c'est-à-dire, exécutés avec le crédit. Or je vous l'ai déjà dit, sans le respect du capital et de la propriété, point de crédit possible! Ce n'est pas avec des commissaires révolutionnaires, avec de la violence qu'on extorque les écus. On ne donne jamais à celui qui peut prendre. Les pièces de cent sous sont très prudes, elles ne cèdent qu'à la confiance la plus illimitée. Vous pourriez les violer, mais jamais vous ne les posséderez.

Tout cela n'est encore rien pour la République. Ce sont de petits moyens pour le présent. Quant à l'avenir, l'horizon s'étend à mesure qu'on s'approche de lui. L'avenir de la République! Rien que d'y penser, mon cœur bondit de joie, et mon œil se mouille de larmes de volupté. Ah, Citoyens, laissons là toute critique.. Si je vous ai dit une parole malicieuse, je vous en demande pardon. Comme le dard de l'abeille, ma haine meurt avec le trait. Il n'y a que le frélon qui pique toujours. Dorénavant nous ne nous servirons de ce dard que pour sucer les fleurs de la poésie et de l'idée, afin d'en faire du miel pour la ruche commune de la patrie.

Oui, tendons-nous les mains, soyons frères par le cœur. Serrons nos rangs et montez avec moi sur le Horeb de la République. Je vais vous montrer un bout de l'avenir.

Le plus grand mal du présent, c'est que personne n'est à sa place. Tels que nous avons été élevés par le hasard, les zéros se trouvent devant les chiffres en les annihilant, et les petits chiffres devant les gros en les amoindrissant. Dans l'avenir, c'est-à-dire, dès demain, l'instruction sera gratuite. L'État donnera à ses enfants toute l'instruction qui s'adapte à leur vocation. A la rigueur l'État donnera aux enfants pauvres et la nourriture et l'habillement. L'enfance doit être le dépôt sacré de la République. L'homme une fois formé, sachant de quoi gagner sa vie, connaissant ses droits et ses devoirs est majeur. Il est digne d'être libre. L'enfant a besoin d'être soutenu. Il ne faut pas que son existence soit abreuvée de peines et de larmes. Abondance de pluie nuit aux fleurs.

L'homme ne devient digne de la liberté que par l'éducation. Ce n'est pas l'avis de notre ministre de l'instruction publique qui, dans une de ses circulaires, a prétendu, qu'il ne fallait pas d'éducation pour être représentant du peuple. Ah ! pourquoi ai-je promis de m'abstenir de toute malice !...

Plus d'Université, plus de latin, plus de grec, plus de rhétorique, plus de pédants, plus de cuistres, plus de savants! Il ne s'agit pas de savoir *plus*, mais de savoir *mieux*. Tout Français dès son jeune âge, apprendra toutes les langues parlées. Il y a des chemins de fer pour aller en Allemagne et en Angleterre, il n'y en a pas pour aller chez Cicéron et chez Démosthène.

Ces études seront réservées aux intelligences privilégiées.

On apprendra à connaître la nature, et partant à connaître Dieu et l'homme. Quand les hommes se connaîtront bien, ils s'aimeront. La fraternité est impossible avec l'ignorance. Plus on sait, plus on croit, plus on aime. Nos philosophes sceptiques prétendent savoir qu'ils ne savent rien. Malheureusement ils ne sont pas seuls. Nous le savons aussi — qu'ils ne savent rien.

Par suite de l'instruction et de la paix, les richesses nationales auront tellement augmenté que l'ouvrier aura autant de luxe et de comfort qu'aujourd'hui le rentier. Ce n'est pas une utopie, Citoyens, ce n'est pas le salaire qui augmentera tant, c'est le luxe qui sera mis à la portée de tout le monde. Comparez la vie de l'ouvrier de il y a 20 ans, à celle d'aujourd'hui. Vous verrez qu'il est beaucoup mieux payé, mieux logé et mieux instruit. Aussi s'il se plaint, ce n'est pas qu'il manque trop souvent du nécessaire; c'est que son intelligence cultivée a besoin du superflu. On ne le croit pas. A mesure que l'esprit augmente, le superflu seul devient indispensable, Peu importe à l'âme que l'estomac mange du pain bis ou du gâteau; ce qu'il lui faut, c'est la beauté et la vérité. Or, si l'esprit est le luxe de l'intelligence, l'élégance, est le luxe de la propreté. L'ouvrier français veut être élégant, car il a de l'esprit. Il le sera ; il aura des mains blanches, malgré son travail, à condition toutefois qu'il ne les tache jamais d'une goutte de sang. Le sang humain est indélébile.

Dès que l'éducation sera réglée selon les vocations, l'intelligence et l'esprit primeront le travail manuel. L'esprit seul se fait pardonner sa supériorité ; car, comme la beauté, il n'a qu'à paraître pour convaincre. Alors les fonctionnaires ne seront plus des commis pris au hasard ; mais des prêtres républicains, sacrés par l'opinion publique.

Alors plus de guerre que celle de l'émulation, plus de prostitution, plus de violence ; car la violence est le résultat de l'orgueil humilié et l'orgueil est l'enfant de l'ignorance.

Je ne vous dis pas que tout sera parfait. Non ! mais tout sera beaucoup mieux qu'aujourd'hui. Il est vrai, le passé de l'humanité est fondé sur des ruines. Aussi l'édifice craque-t-il à tout instant. Élevons l'avenir non sur des ruines, mais sur les bases de la nature, qui sont : la justice et la fraternité.

Ce n'est ni une utopie, ni un rêve, c'est l'avenir ; mais, hélas ! un avenir assez éloigné que personne de nous ne verra peut-être. La société, telle que le passé nous l'a léguée, a encore besoin d'une tutelle : deux tiers de ses membres sont encore à l'état de l'enfance. Ils sont faibles, parce qu'ils n'ont ni la science ni l'expérience, et, comme les enfants, ils sont violents, parce qu'ils sont faibles. Or, de tout temps, l'intelligence, seule a gouverné, plus souvent du haut d'une mansarde que du haut du trône. C'est avec les livres que l'humanité se fait! Que nous est-il resté d'Alexandre? Aristote. De César? Jésus. De Napoléon? Les idées de Fourier. L'intelligence règnera toujours. Au commencement fut le Verbe, il restera jusqu'à la fin!

Malheureusement il lui faut encore de la force matérielle. La force morale ne projette pas encore assez loin ses rayons lumineux. Là où les rayons se brisent, sous les lianes et les chardons, séjournent encore des reptiles venimeux et des bêtes féroces. Il nous faut encore le nombre, mais déjà l'arme pâlit devant la parole; déjà on ne fait plus la guerre qu'à la guerre ; déjà le peuple, jusqu'à présent l'ouvrier des rois, comprend ses devoirs, qui seuls, peuvent garantir ses droits.

Espérons. Je vois des rides sur son front; ce sont les cicatrices d'un héros qui s'est livré des combats à lui-même. Espérons, car le peuple est calme comme la nature quand elle crée. Espérons, car déjà il confond ses flatteurs. Il sait qu'on ne blanchit les moutons que pour les tondre. Espérons, car avec le trône, il a brûlé l'échafaud.

Espérons, mais agissons. Soyons républicains, mais travaillons. Quand je dors, disait Frédéric-le-Grand, je ne suis pas roi. Quand nous ne travaillons pas, nous ne sommes pas républicains. Marchons ! Jusqu'à présent la République a eu le vertige. Elle croyait que tout tournait autour d'elle, tandis qu'elle seule ne bougeait pas. Marchons, non pas pour arriver, mais pour avancer. Le repos de l'homme est dans la tombe. Là seulement il sera arrivé, car il sera avec Dieu. La vie de l'esprit c'est le mouvement, comme l'ondoiement des vagues est la vie du poisson. Marchons, non pas les yeux baissés vers la terre, mais levés vers le Créateur, seul guide, seul phare de l'homme. Jusqu'à présent l'Europe nous a regardés comme des aigles impuissants; les poules nous ont accusés de savoir bien voler dans l'air, mais de ne savoir pas marcher régulièrement. Montrons leur que si nous avons des ailes, nous n'en avons pas moins des pieds. Montrons leur que le bon sens français saura résoudre les questions les plus ardues et les plus compliquées. Oui, nous sommes, nous serons toujours les aigles de l'humanité, mais à une seule condition: c'est que nous ne soyons ni gardés ni guidés par des perroquets et des hibous.

Alexandre WEILL.

BIBLIOTHÈQUE NATIONALE
R.F.
IMPRIMÉS

EN VENTE :

Chez l'Auteur, 11, faubourg St-Honoré.
Garnier Frères, au Palais-National.
St-Jorre, boulevart des Italiens.
Au bureau du Corsaire, 61, passage Jouffroy.
A la Librairie, 52, passage du Grand-Cerf.

Imp. de Mme de Lacombe, r. d'Enghien, 12.

www.ingramcontent.com/pod-product-compliance
Lightning Source LLC
Chambersburg PA
CBHW061210050726
47594CB00008B/3638